Impressum
Verlag: BABADADA GmbH, Nedderfeld 112 , 22529 Hamburg
Geschäftsführer / Verlagsleitung: Harald Hof
Druck: Books on Demand GmbH, In de Tarpen 42, 22848 Norderstedt

Imprint
Publisher: BABADADA GmbH, Nedderfeld 112 , 22529 Hamburg, Germany
Managing Director / Publishing direction: Harald Hof
Print: Books on Demand GmbH, In de Tarpen 42, 22848 Norderstedt

σχολείο

мактаб

σχολική τάξη
синф
διαιρώ
тақсим кардан
186/2
πίνακας
тахтаи синф
σχολική αυλή
δάσκαλος
муаллим
χαρτί
коғаз
γράφω
навиштан
στυλό
ручка
γραφείο
мизи хатнависӣ
χάρακας
ҷадвал
βιβλίο
китоб
μαθητής
талаба

σχολική τσάντα

чузвдон

κασετίνα/ μολυβοθήκη

қаламдон

μολύβι

қалам

ξύστρα

қаламтезкунак

γόμα

хаткуркунак

μπλοκ ζωγραφικής

блокноти расмкашӣ

ζωγραφική

расм

πινέλο

мўқалами рассомӣ

κουτί χρωμάτων

қуттии рангҳо

ψαλίδι

қайчӣ

κόλλα

ширеш

τετράδιο ασκήσεων

дафтари машқ

εργασία για το σπίτι

вазифаи хонагӣ

12

αριθμός

рақам

2+2

προσθέτω

ҷамъ кардан

5-2

αφαιρώ

кам кардан

2×2

πολλαπλασιάζω

зарб задан

υπολογίζω

ҳисоб кардан

A

γράμμα

ҳарф

ABCDEFG
HIJKLMN
OPQRSTU
VWXYZ

αλφάβητο

алфавит

λέξη

калима

κείμενο

матн

διαβάζω

хондан

κιμωλία

бӯр

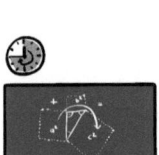

μάθημα

дарс

εγγράφομαι

журнали синфӣ

τεστ

имтиҳон

πιστοποιητικό

шаҳодатнома

μαθητική στολή

либоси мактабӣ

εκπαίδευση

таҳсил/маориф

εγκυκλοπαίδεια

энсиклопедия

πανεπιστήμιο

донишгоҳ

μικροσκόπιο

микроскоп (more frequently used)

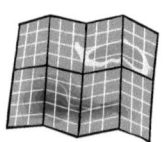

χάρτης

харита

καλάθι αχρήστων

сабади партофҳои коғазӣ

ταξίδι
саёҳат

ξενοδοχείο
меҳмонхона
ξενώνας
хобгоҳ
ανταλλακτήρια συναλλάγματος
нуқтаи мубодилаи асъор
βαλίτσα
чамадон
αυτοκίνητο
мошин

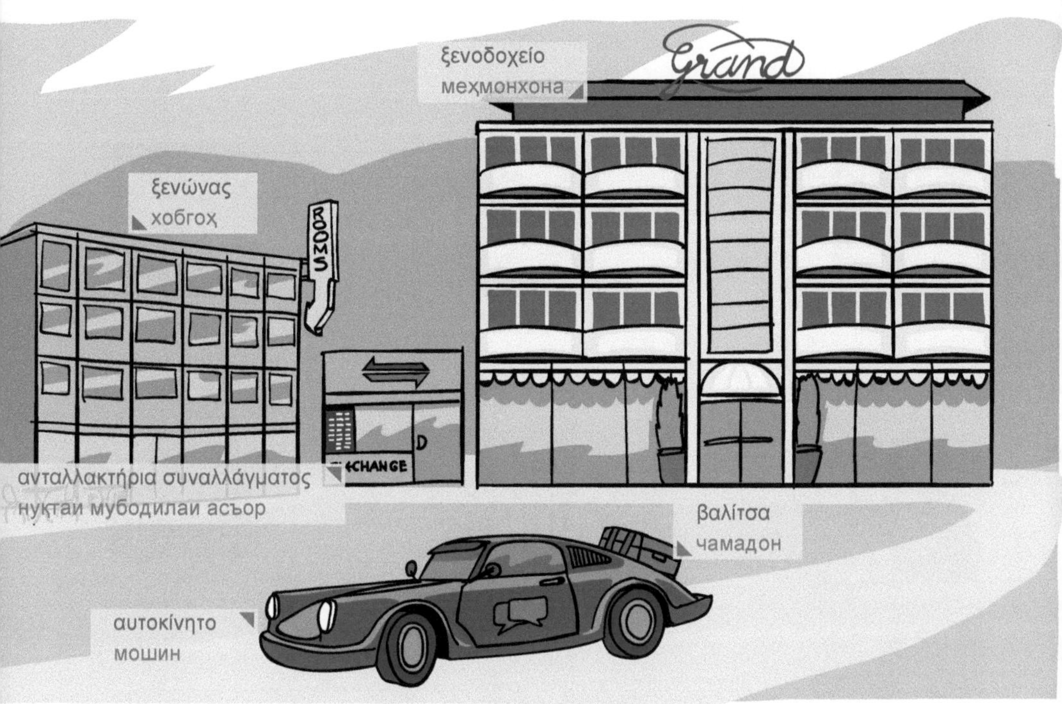

γλώσσα

забон

ναι / όχι

ҳа / не

εντάξει

Хуб

γεια σου

Ассалому алейкум

μεταφραστής

тарҷумон

Ευχαριστώ

Раҳмат

πόσο κάνει ;

чӣ қадар аст ...?

Δε καταλαβαίνω

Ман намефаҳмам

πρόβλημα

проблема

Καλησπέρα!

шаб ба хайр!

Καλημέρα!

субҳ ба хайр

Καληνύχτα!

шаби хуш

Αντίο

хайр

κατεύθυνση

равона

αποσκευές

бағоҷ

τσάντα

ҷузвдон

σακίδιο πλάτης

борхалта

καλεσμένος

меҳмон

δωμάτιο

хона

υπνόσακος

хобхалта

σκηνή

хайма

τουριστικές πληροφορίες

маълумоти сайёҳӣ

παραλία

соҳил

πιστωτική κάρτα

корти кредитӣ

πρωινό

наҳорӣ

μεσημεριανό

хӯроки пешин

δείπνο

хӯроки шом

εισιτήριο

чипта

ανελκυστήρας

лифт

γραμματόσημο

марка

σύνορα

сарҳад

τελωνείο

Гумрук

πρεσβεία

сафорат

βίζα

раводид

διαβατήριο

шиноснома

ταξίδι - саёҳат

μεταφορά

нақлиёт

αεροπλάνο
тайёра
πλοίο
кишти
πυροσβεστικό όχημα
мошини сӯхторхомӯшкунӣ
λεωφορείο
автобус
φορτηγό
мошини боркаш
χανοκίνητο σκάφος
қи моторӣ
ποδήλατο
дучарха
αυτοκίνητο
мошин

φεριμπότ

паром

βάρκα

қаиқ

μοτοσικλέτα

мотосикл

περιπολικό

мошини полис

αγωνιστικό αυτοκίνητο

мошини тезрави пойгаи

ενοικιαζόμενο αυτοκίνητο

кирояи мошинҳо

διαμοιρασμός αυτοκινήτων

ҳамроҳ истифодабарии мошин

γερανός

эвакуатор

απορριμματοφόρο

павтовчамъкунӣ

κινητήρας

муҳаррик

καύσιμο

сӯзишворӣ

βενζινάδικο

нуқтаи фурӯши сӯзишворӣ

πινακίδα σήμανσης

аломати роҳ

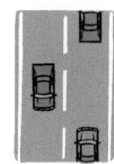

κυκλοφορία

ҳаракат

κυκλοφοριακή συμφόρηση

бандшавии ҳаракати роҳ

χώρος στάθμευσης

ҷои исти мошинҳо

σιδηροδρομικός σταθμός

истгоҳи роҳи оҳан

σιδηροδρομικές γραμμές

роҳи оҳан

τρένο

қатора

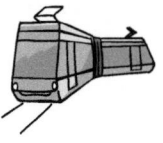

τραμ

тамвай

βαγόνι

вагон

ελικόπτερο

чархбол

αεροδρόμιο

фурудгоҳ

πύργος

манора

επιβάτης

мусофир

εμπορευματοκιβώτιο

контейнер

χαρτοκιβώτιο

щутии картонӣ

καρότσι

ароба

καλάθι

сабад

απογειώνομαι / προσγειόνομαι

гирифтан / замин

πόλη
шаҳр

χωριό

деҳа

κέντρο της πόλης

маркази шаҳр

σπίτι

хона

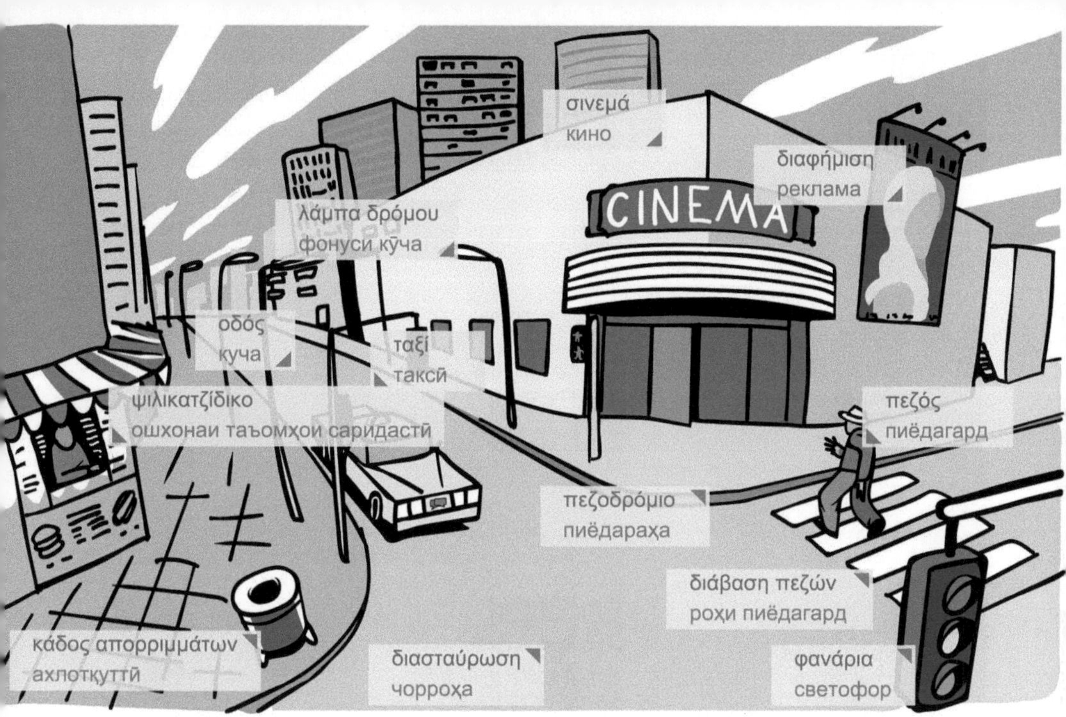

σινεμά
кино
διαφήμιση
реклама
λάμπα δρόμου
фонуси кӯча
οδός
куча
ταξί
таксӣ
ψιλικατζίδικο
ошхонаи таъомҳои саридастӣ
πεζός
пиёдагард
πεζοδρόμιο
пиёдараҳа
διάβαση πεζών
роҳи пиёдагард
κάδος απορριμμάτων
ахлотқуттӣ
διασταύρωση
чорроҳа
φανάρια
светофор

καλύβα

кулба

διαμέρισμα

ҳамвор

σιδηροδρομικός σταθμός

истгоҳи роҳи оҳан

δημαρχείο

бинои маъмурияти шаҳр

μουσείο

осорхона

σχολείο

мактаб

παvεπιστήμιο

донишгоҳ

τράπεζα

бонк

νοσοκομείο

бемористон

ξενοδοχείο

меҳмонхона

φαρμακείο

доухона

γραφείο

идора

βιβλιοπωλείο

сехи китоб

κατάστημα

сехи

ανθοπωλείο

мағозаи гулфурӯшӣ

σούπερ μάρκετ

супермаркет

αγορά

бозор

πολυκατάστημα

универмаг

ιχθυοπωλείο

мағозаи моҳифурӯшӣ

εμπορικό κέντρο

маркази савдо

λιμάνι

бандар

πάρκο

парк

παγκάκι

бонк

γέφυρα

пул

σκάλες

зинапоя

μετρό

метро

τούνελ

нақби

στάση λεωφορείου

истгоҳи автобус

μπαρ

бар

εστιατόριο

тарабхона

γραμματοκιβώτιο

қуттии почта

πινακίδα δρόμου

аломати номи кӯчаҳо

παρκόμετρο

ҳисобкунаки исти мошинҳо

ζωολογικός κήπος

боғи ҳайвонот

πισίνα

ҳавзи шиноварӣ

τζαμί

масҷид

αγρόκτημα

ферма

ρύπανση

ифлоскунй

νεκροταφείο

қабристон

εκκλησία

калисо

παιδική χαρά

майдончаи бозй

ναός

маъбад

τοπίο
ландшафт

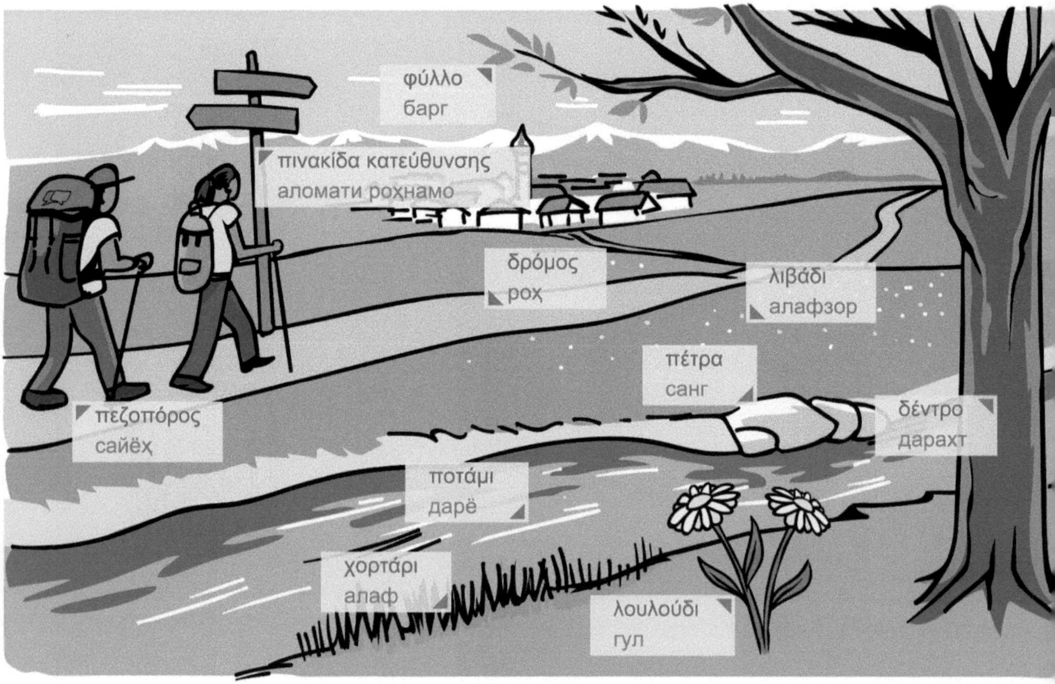

φύλλο
барг

πινακίδα κατεύθυνσης
аломати рохнамо

δρόμος
рох

λιβάδι
алафзор

πέτρα
санг

δέντρο
дарахт

πεζοπόρος
сайёх

ποτάμι
дарё

χορτάρι
алаф

λουλούδι
гул

κοιλάδα

водӣ

λόφος

кӯҳ

λίμνη

кул

δάσος

беша

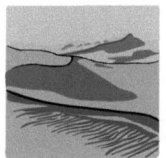

έρημος

биёбон

ηφαίστειο

вулкан

κάστρο

қалъа

ουράνιο τόξο

рангинкамон

μανιτάρι

занбӯруғ

φοίνικας

дарати нахл

κουνούπι

хомӯшак

μύγα

паридан

μυρμήγκι

мурча

μέλισσα

занбур

αράχνη

тортанак

σκαθάρι

гамбӯсак

βάτραχος

қурбоққа

σκίουρος

санҷоб

σκαντζόχοιρος

хорпушт

λαγός

харгӯш

κουκουβάγια

бум

πουλί

парранда

κύκνος

мурғи қу

αγριογούρουνο

хуки ваҳшӣ

ελάφι

оҳу

άλκη

гавазн

φράγμα

сарбанд

ανεμογεννήτρια

турбина шамол

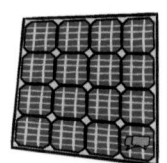

ηλιακός συλλέκτης

панел офтобӣ

κλίμα

иқлим

εστιατόριο
тарабхона

σερβιτόρος
пешхизмат
κατάλογος
меню
καρέκλα
курсӣ
σούπα
шӯрбо
πίτσα
Pizza
τραπεζομάντιλο
дастархон
μαχαιροπίρουνα
асбобу анҷоми хӯрокхӯрӣ

ορεκτικό

стартер/корандоз

κύριο πιάτο

хӯроки асосӣ

επιδόρπιο

десерт

ποτά

нӯшокиҳои

φαγητό

таъом

μπουκάλι

шиша

φαστ φουντ

Хӯроки Тез Таёр мешуда

φαγητό στ' όρθιο

хӯроки кӯчагӣ

τσαγιέρα

чойник

δοχείο ζάχαρης

шакардон

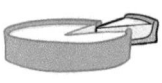

μερίδα

қисм/порча

μηχανή εσπρέσο

мошини espresso

ψηλή καρέκλα

курсии кӯдакона

λογαριασμός

ҳисоб

δίσκος

зарфмонак

μαχαίρι

корд

πιρούνι

чангол

κουτάλι

қошуқ

κουταλάκι του τσαγιού

қошуқча

πετσέτα φαγητού

сачоқи қоғазӣ

ποτήρι

истакон

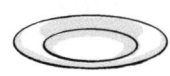

πιάτο

табақча

πιάτο σούπας

косача

πιατάκι φλιτζανιού

тақсимча

σάλτσα

соус

αλατιέρα

намакдон

μύλος για πιπέρι

мурчдон

ξύδι

сирко

λάδι

равғани растанӣ

μπαχαρικά

приправа

κέτσαπ

кетчуп

μουστάρδα

хардал

μαγιονέζα

майонез

σούπερ μάρκετ

супермаркет

προσφορά
пешниҳоди махсус
πελάτης
γαλακτοκομικά προϊόντα
шир
φρούτα
мева
καρότσι για ψώνια
аробача

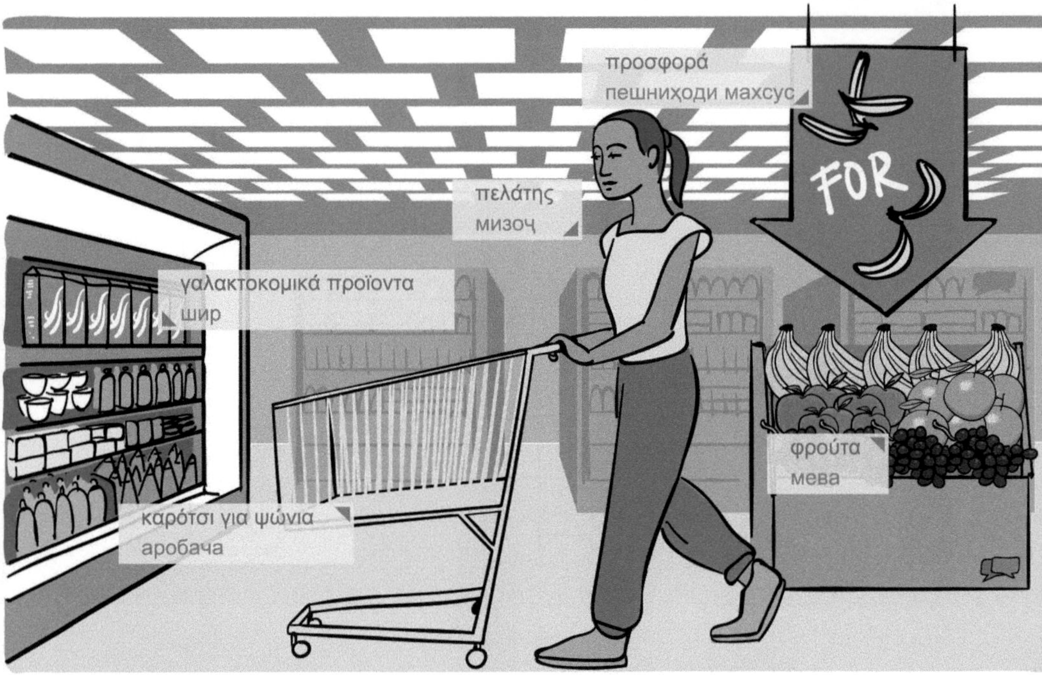

κρεοπωλείο

дукони гӯштфурӯшӣ

φούρνος

дукони нонфурӯшӣ

ζυγίζω

баркашидан

λαχανικά

сабзавот

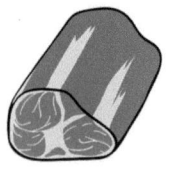

κρέας

гӯшт

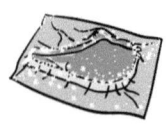

κατεψυγμένα τρόφιμα

хӯроки яхбаста

αλλαντικά

тилимҳои борик буридаи гушт

κονσερβοποιημένη τροφή

озуқаворӣ консервонидашуда

απορρυπαντικό ρούχων

хокаи либосшӯӣ

γλυκά

ширинӣ

οικιακά είδη

асбоби рӯзгор

καθαριστικά προϊόντα

воситаҳои тозакунанда

πωλήτρια

фурӯшанда

ταμείο

касса

ταμίας

кассир

λίστα για ψώνια

рӯихати харидкунӣ

ωράριο λειτουργίας

соат ифтитоҳи

πορτοφόλι

ҳамён

πιστωτική κάρτα

корти кредитӣ

τσάντα

ҷуздо

πλαστική σακούλα

пакет

ποτά

нӯшокиҳои

νερό

об

χυμός

шарбат

γάλα

шир

κόκα κόλα

кола

κρασί

шароб

μπίρα

оби ҷав

αλκοόλ

машрубот

κακάο

какао

τσάι

чой

καφές

қаҳва

εσπρέσο

эспрессо

καπουτσίνο

каппучино

μπανάνα

банан

μήλο

себ

πορτοκάλι

норанҷӣ

πεπόνι

харбуза

λεμόνι

лимӯ

καρότο

сабзӣ

σκόρδο

сир

μπαμπού

бамбук

κρεμμύδι

пиёз

μανιτάρι

занбӯруғ

ξηροί καρποί

чормағз

νουντλς

угро

μακαρόνια

спагеттӣ

ρύζι

биринҷ

σαλάτα

салат

πατατάκια

картошкаи қоқак

τηγανητές πατάτες

картошкабирён

πίτσα

Pizza

χάμπουργκερ

гамбургер

σάντουιτς

бутербурод

κοτολέτα

шнитсел

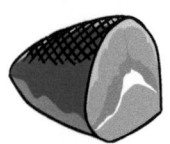

ζαμπόν

гӯшти намакардаи хук

σαλάμι

ҳасиби салямӣ

λουκάνικο

ҳасиб

κοτόπουλο

мурғ

ψητό

кабоб

ψάρι

моҳӣ

χυλός βρώμης

ярмаи ҷав

μούσλι

омехтаи ғалладонагӣ

κορν φλέικς

ярмаи ҷуворимакка

αλεύρι

орд

κρουασάν

кулчақанд

ψωμάκι

кулчақанд

ψωμί

нон

τοστ

як порча нони бирён

μπισκότα

кулчачаҳои қандин

βούτυρο

маска

τυρόπηγμα

творог

κέικ

пирог

αυγό

тухм

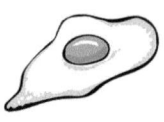

τηγανητό αυγό

тухм бирён

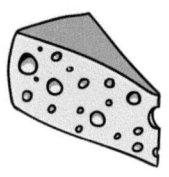

τυρί

панир

παγωτό

яхмос

ζάχαρη

шакар

μέλι

асал

μαρμελάδα

мураббо

άλλειμμα σοκολάτας

хамираи ҳалво

κάρυ

Curry

αγρόκτημα

ферма

αγρόσπιτο
δεμάτι άχυρου
тойи коҳ
αχυρώνας
анборхона
χωράφι
дашт
αλόγο
асп
ρυμουλκούμενο
ядак
τρακτέρ
трактор
πουλάρι
тойча
γάιδαρος
хар
πρόβατο
гӯсфанд
αρνί
баррача

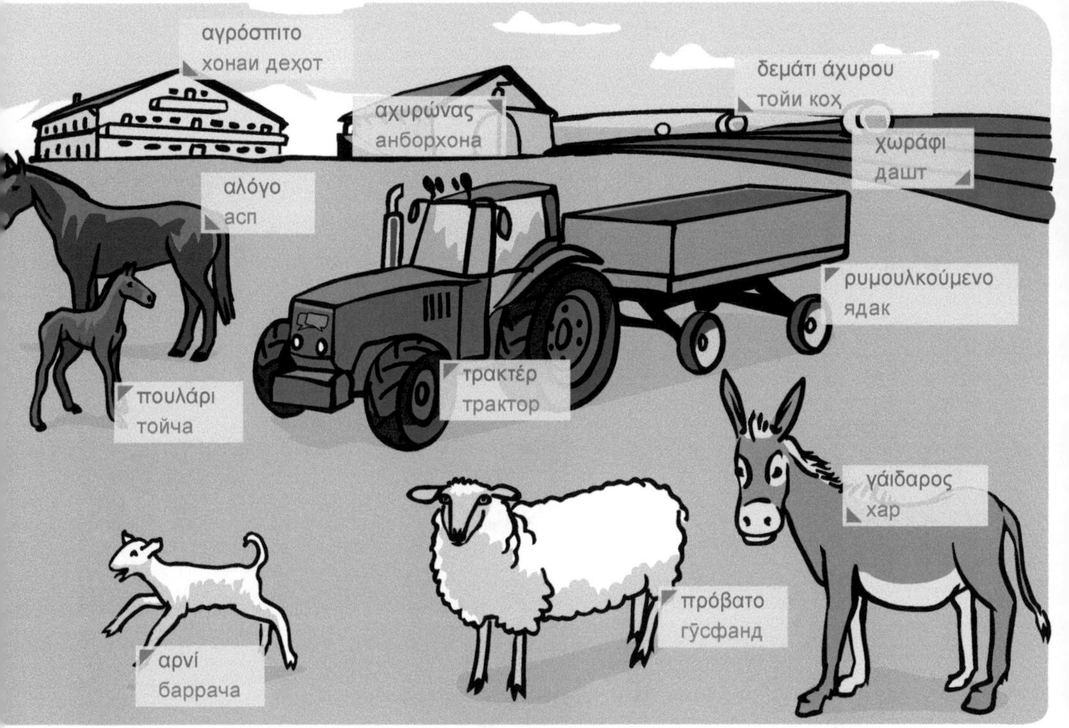

κατσίκα

буз

αγελάδα

гов

μοσχαράκι

гӯсола

γουρούνι

хук

γουρουνάκι

хукча

ταύρος

буққа

χήνα

қоз

πάπια

мурғобӣ

κοτοπουλάκι

чӯҷа

κότα

мурғ

κόκορας

хурӯс

αρουραίος

каламуш

γάτα

гурба

ποντίκι

муш

βόδι

барзагов

σκύλος

саг

σπιτάκι σκύλου

хоначаи саг

λάστιχο κήπου

рӯдаи резинӣ

ποτιστήρι

камобӣ метавонад

θεριστήρι

дос

αλέτρι

сипори шудгоркунии замин

28 αγρόκτημα - φέρμα

δρεπάνι

доси

τσάπα

каланд

δίκρανο

панҷшоха

τσεκούρι

табар

χειράμαξα

ароба

ταΐστρα

охур

δοχείο γάλακτος

зарфи ширгирӣ

σάκος

халта

φράχτης

девор

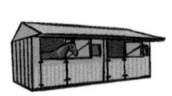

στάβλος

мӯътадил

θερμοκήπιο

гармхона

έδαφος

хок

σπόρος

тухмӣ

λίπασμα

нуриҳо

θεριζοαλωνιστική μηχανή

комбайни ғаллағундорӣ

θερίζω

ҳосил

συγκομιδή

ҳосил

γιαμς

yams

σιτάρι

гандум

σόγια

лубиж

πατάτα

картошка

καλαμπόκι

ҷуворӣ

κράμβη

донаи маъсар

οπωροφόρο δέντρο

дарахти мева

μανιόκα

manioc

δημητριακά

ғалладона

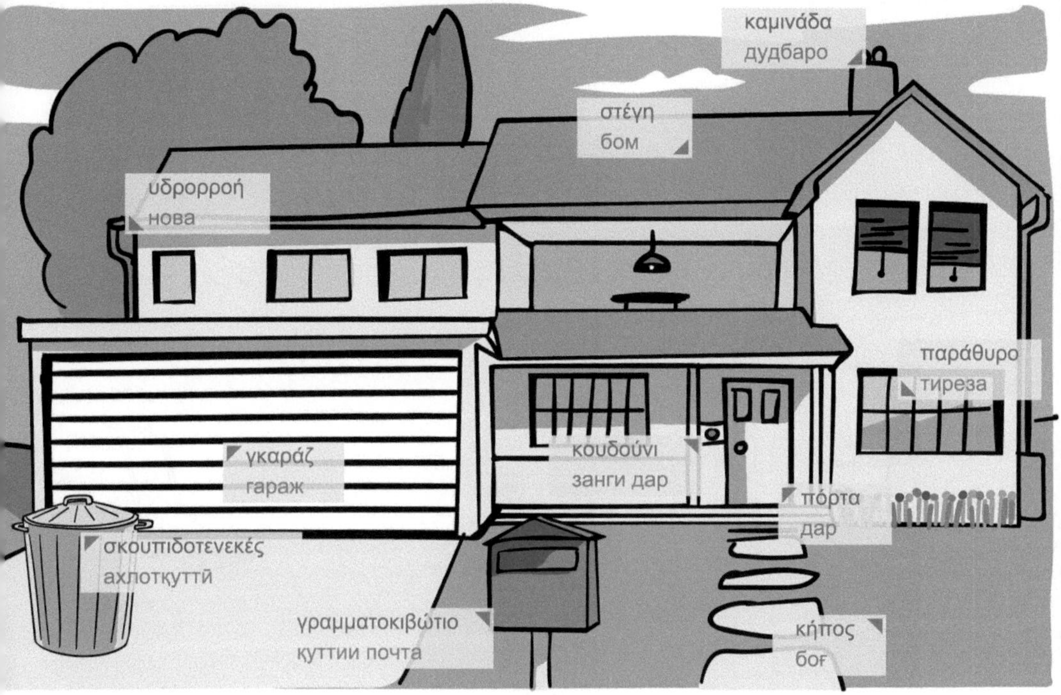

καμινάδα
дудбаро
στέγη
бом
υδρορροή
нова
παράθυρο
тиреза
γκαράζ
гараж
κουδούνι
занги дар
πόρτα
дар
σκουπιδοτενεκές
ахлотқуттӣ
γραμματοκιβώτιο
қуттии почта
κήπος
боғ

σαλόνι
мехмонхона

μπάνιο
ҳамом

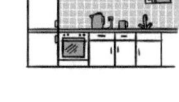

κουζίνα
ошхона

υπνοδωμάτιο
хонаи хоб

παιδικό δωμάτιο
ҳуҷраи кӯдакона

τραπεζαρία
ошхона

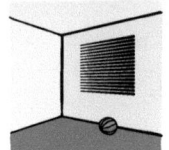

πάτωμα

ошёна

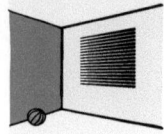

τοίχος

девор

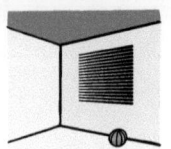

οροφή

шифт

κελάρι

тагзаминӣ

σάουνα

сауна

μπαλκόνι

балкон

βεράντα

суфача

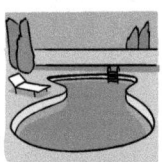

πισίνα

ҳавз

μηχανή του γκαζόν

мошини алафдарав

σεντόνι

варақ

κάλυμμα κρεβατιού

кампал

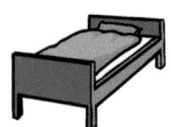

κρεβάτι

кат

σκούπα

чорӯб

κουβάς

сатил

διακόπτης

калид

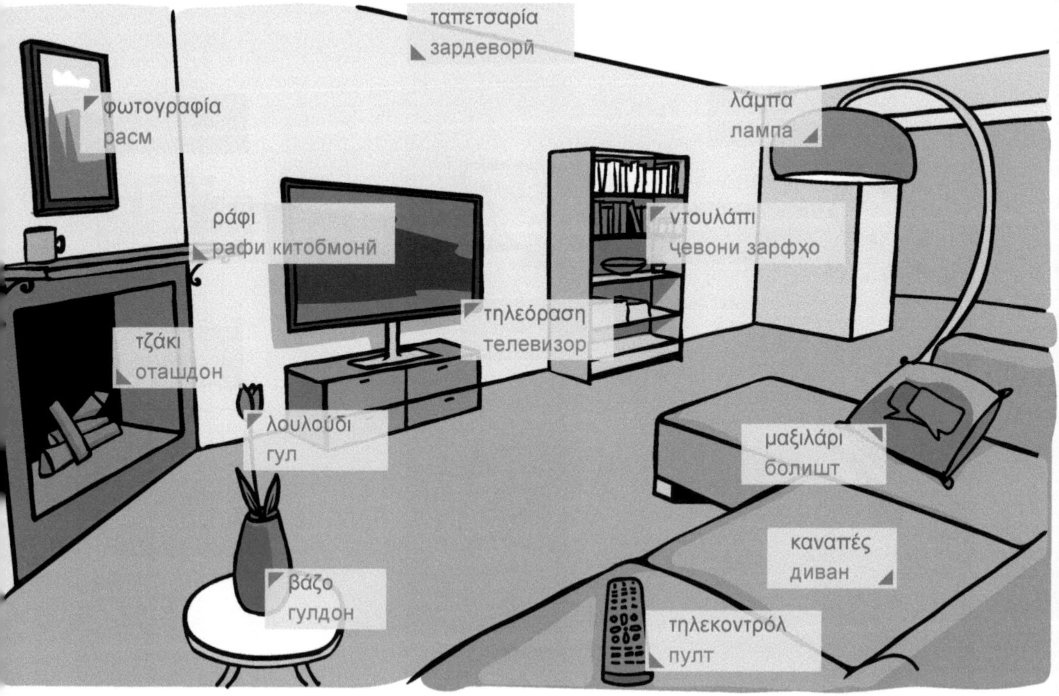

ταπετσαρία
зардеворӣ

φωτογραφία
расм

λάμπα
лампа

ράφι
рафи китобмонӣ

ντουλάπι
чевони зарфхо

τζάκι
оташдон

τηλεόραση
телевизор

λουλούδι
гул

μαξιλάρι
болишт

καναπές
диван

βάζο
гулдон

τηλεκοντρόλ
пулт

χαλί
қолин

κουρτίνα
парда

τραπέζι
мизи

καρέκλα
курсӣ

κουνιστή πολυθρόνα
rocking кафедраи

πολυθρόνα
курсӣ

βιβλίο

китоб

κουβέρτα

курпа

διακόσμηση

ороиш

καυσόξυλα

ҳезум

ταινία

филм

στερεοφωνικό σύστημα

дастгоҳи hi-fi

κλειδί

калид

εφημερίδα

рӯзнома

πίνακας ζωγραφικής

расм

αφίσα

эълон

ραδιόφωνο

радио

σημειωματάριο

китобчаи қайдҳо

ηλεκτρική σκούπα

чангкашак

κάκτος

кактус

κερί

шам

κουζίνα

ошхона

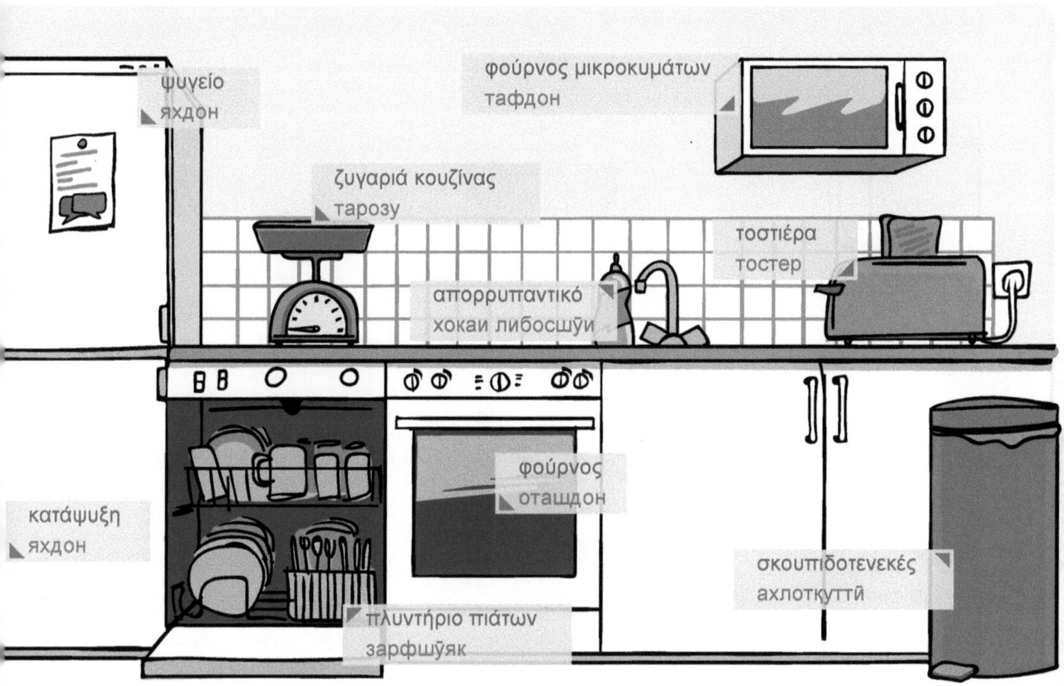
ψυγείο
яхдон
φούρνος μικροκυμάτων
тафдон
ζυγαριά κουζίνας
тарозу
τοστιέρα
тостер
απορρυπαντικό
хокаи либосшӯӣ
φούρνος
оташдон
κατάψυξη
яхдон
σκουπιδοτενεκές
ахлотқуттӣ
πλυντήριο πιάτων
зарфшӯяк

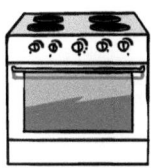

κουζίνα

плита

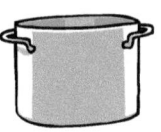

κατσαρόλα

тубак

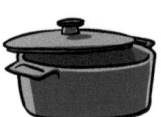

μαντεμένια κατσαρόλα

дег

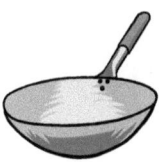

γουόκ/καντάι

дег / кадӣ

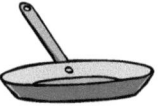

τηγάνι

тоба

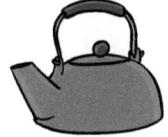

βραστήρας

чойник

ατμομάγειρας

steamer

ταψί

лист

πιατικά

зарф

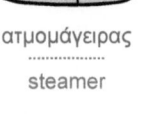

κούπα

кружка

μπολ

коса

ξυλάκια

чубаки хурокхӯрӣ

κουτάλα

кафлези

σπάτουλα

кафлези ҳамвор

ανακατεύω

whisk

σουρωτήρι

strainer

σουρωτηράκι

элак

τρίφτης

турбтарошак

γουδί

миномет

ψησταριά

Кабоб Кардан

ανοιχτή φωτιά

оташ кушод

σανίδα κοπής

тахтаи резакунӣ

πλάστης

чӯба

ανοιχτήρι φελλών

пӯккашак

κονσέρβα

банка

ανοιχτήρι κονσέρβας

консервокушояк

γάντι φούρνου

дастак

νεροχύτης

дастшӯяк

βούρτσα

чӯтка

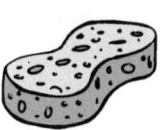

σφουγγάρι

исфанҷ

μπλέντερ

блендер

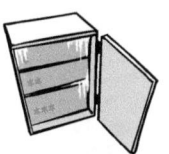

καταψύκτης

сармодон

μπιμπερό

шишача

βρύση

ҷумак

μπάνιο

ҳамом

θέρμανση
гармидиҳӣ
πετσέτα
сачоқ
ντους
душ
κουρτίνα ντουζ
пардаи душ
αφρόλουτρο
ваннаи кафкдор
μπανιέρα
ванна
ποτήρι
истакон
πλυντήριο ρούχων
мошини ҷомашӯӣ
βρύση
πλακάκια
фарши кошинкорӣ
γιογιό
тубак
νεροχύτης
дастшӯяк

τουαλέτα

ҳоҷатхона

τούρκικη τουαλέτα

нишастгоҳи халоҷои рӯйфаршӣ

μπιντές

биде

ουρητήριο

ҳоҷатхонаи мардона

χαρτί υγείας

коғази ташноб

πιγκάλ

чӯткаи ҳоҷатхона

οδοντόβουρτσα

дандоншӯяк

οδοντόκρεμα

хамираи дандоншӯи

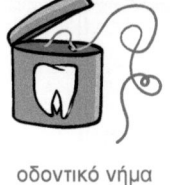

οδοντικό νήμα

риштаи дандонтозакунӣ

πλένω

шӯстан

τηλέφωνο ντους

души дастӣ

ντουσιέρα

обшӯӣ

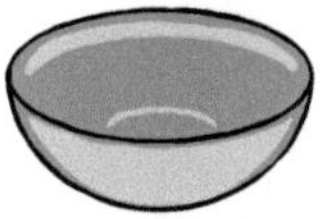

λεκάνη

ҳавза

βούρτσα πλάτης

шона кардани мӯй

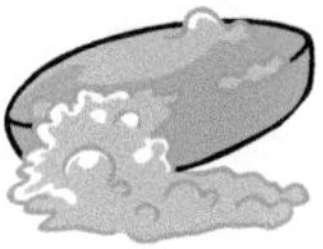

σαπούνι

собун

αφρόλουτρο

гел барои душ

σαμπουάν

шампун

φανέλα

бумазӣ

σιφόνι

заҳкаш

κρέμα

крем

αποσμητικό

дезодорант

καθρέφτης
оина

καθρέφτης χειρός
оинаи дастӣ

ξυραφάκι
риштарошаки барқи

αφρός ξυρίσματος
кафк барои риштарошӣ

αφτερσέιβ
оби мушкини баъди
риштарошӣ

χτένα
шона

βούρτσα
чӯтка

σεσουάρ
мӯйхушкунак

λακ
лак барои мӯй

μακιγιάζ
косметика

κραγιόν
лабсурхкунак

βερνίκι νυχιών
лок барои нохун

βαμβάκι
пахта

ψαλίδι νυχιών
қайчии нохунгирӣ

άρωμα
атриёт

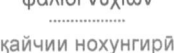

νεσεσέρ

ҷузвдони косметики

σκαμπό

қазои ҳоҷат

ζυγαριά

тарозу

μπουρνούζι

хилъат

ελαστικά γάντια

дастпӯшак резина

ταμπόν

тампон

πετσέτα υγιεινής

дастмоли санитарӣ

χημική τουαλέτα

био-ҳоҷатхона

παιδικό δωμάτιο

ҳуҷраи кӯдакона

ξυπνητήρι
соати рӯимизии зангдор
λούτρινο ζωάκι
бозичаи мулоим
αυτοκινητάκι
мошини бозича
κουδουνίστρα
κουκλόσπιτο
хоначаи бозичагӣ
δώρο

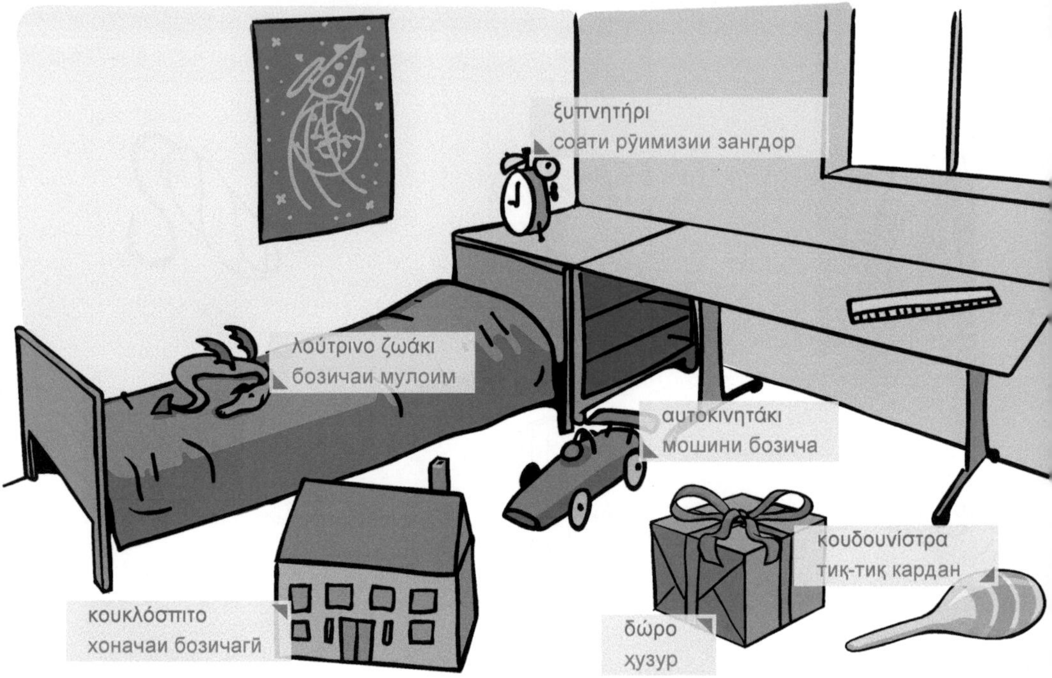

μπαλόνι

пуфак

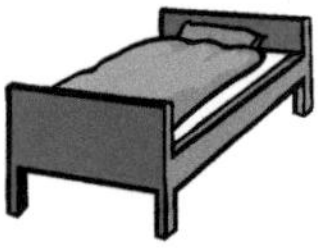

κρεβάτι

кат

καροτσάκι

аробочаи кудакона

τράπουλα

маҷмӯи кортҳо

παζλ

бозии муамоёбӣ

κόμικς

комикс

τουβλάκια lego

хиштҳои лего

τουβλάκια κατασκευών

мағозаи бозичафурӯхтан

φιγούρα δράσης

рақам амал

βρεφικό φορμάκι

либоси ғаваккашӣ

φρίσμπι

фрисби

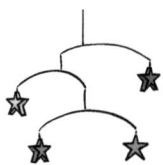

μόμπιλο

мобилӣ

επιτραπέζιο παιχνίδι

лавҳачаи бозӣ

ζάρια

кубик

σετ τρενάκι

маҷмӯи модели қатора

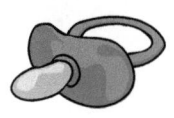

πιπίλα

пистонак

πάρτι

ҳизб

εικονογραφημένο βιβλίο

китоби расм

μπάλα

тӯб

κούκλα

лӯхтак

παίζω

бози кардан

σκάμμα με άμμο

қуттии рег

κούνια

арғунчак

παιχνίδια

бозича

κονσόλα βιντεοπαιχνιδιών

консоли бозиҳои видеой

τρίκυκλο

велосипеди сечарха

αρκουδάκι

хирсаки бахмалии патдор

ντουλάπα

ҷевон

ρούχα

либос

κάλτσες

ҷуроб

καλτσοδέτες

ҷуроби соқбаланд

καλσόν

колготки

κασκόλ
гарданпеч

ομπρέλα
чатр

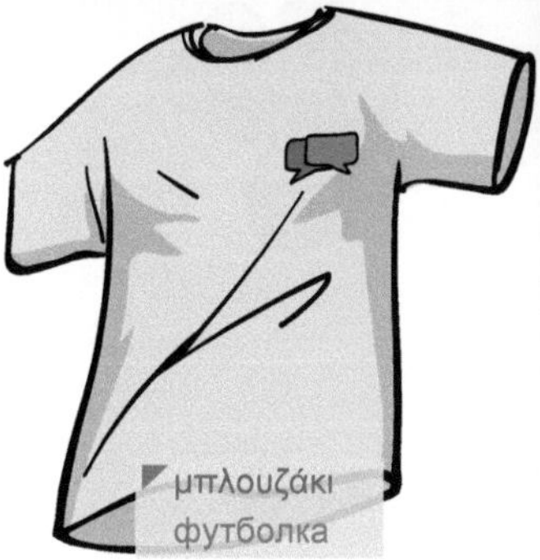

ζώνη
тасма

μπλουζάκι
φουτβολκα

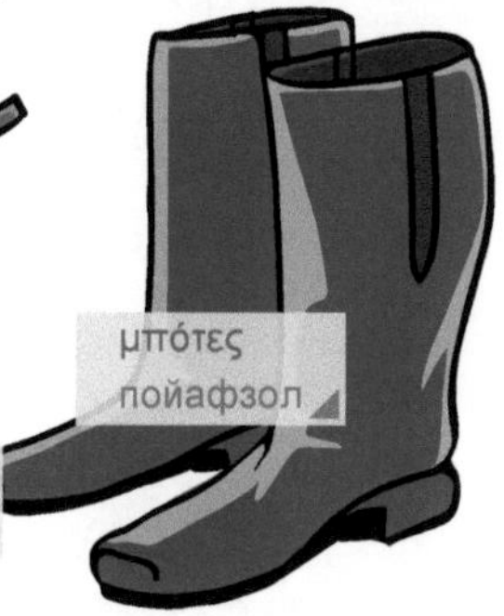

μπότες
пойафзол

παντόφλες
шиппак

αθλητικά παπούτσια
кроссовки

σανδάλια
босоножкй

παπούτσια
пойафзол

γαλότσες
музаи резинй

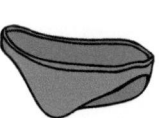

εσώρουχο
турсй

σουτιέν
синабанд

φανέλα
майка

σώμα

бадан

παντελόνι

шим

τζιν παντελόνι

чинс

φούστα

юбка

μπλούζα

куртаи нимтаи занона

πουκάμισο

курта

πουλόβερ

свитер

πουλόβερ

свитер

σακάκι

пиҷак

μπουφάν

нимтана

παλτό

палто

αδιάβροχο πανωφόρι

плаш

κοστούμι

костюм

φόρεμα

куртаи занона

νυφικό

либос тӯйи

κοστούμι

костюм

νυχτικό

куртаи хоб

πιτζάμες

пижама

σάρι

Сари

μαντήλι

рӯймол

τουρμπάνι

салла

μπούρκα

ниқобу

καφτάνι

кафтан

μουσουλμανικό ένδυμα

абая

ολόσωμο μαγιό

либоси обозӣ

ανδρικό μαγιό

эзорчаи шиноварии мардона

σορτς

шорти

αθλητική φόρμα

либоси варзишӣ

ποδιά

пешбанд

γάντια

дастпӯшак

κουμπί

тугма

γυαλιά

айнак

βραχιόλι

дастпона

περιδέραιο

гарданбанд

δαχτυλίδι

ангуштарин

σκουλαρίκι

гӯшвора

καπέλο

кулоҳ

κρεμάστρα

либосовезак

καπέλο

кулоҳ

γραβάτα

галстук

φερμουάρ

занҷирак

κράνος

тоскулоҳ

τιράντες

шимбардор

μαθητική στολή

либоси мактабӣ

στολή

либоси

σαλιάρα

пешгир

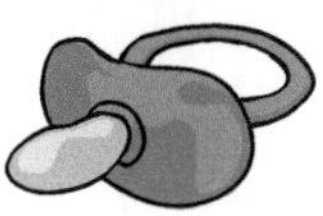

πιπίλα

пистонак

πάνα

подгузник

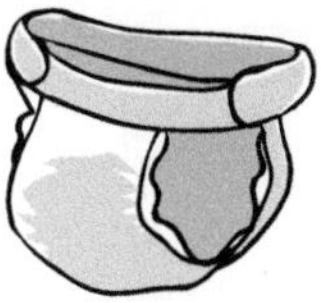

γραφείο

идора

σέρβερ
сервер
αρχειοθήκη
чевони ҳуҷҷатмонӣ
εκτυπωτής
принтер
χαρτί
коғаз
οθόνη
монитор
мизи хатнависӣ
ποντίκι
мушак
ντοσιέ
ҷузъгир
πληκτρολόγιο
клавиатура
καλάθι αχρήστων
сабади партофҳои коғазӣ
καρέκλα
курсӣ
υπολογιστής
копютер

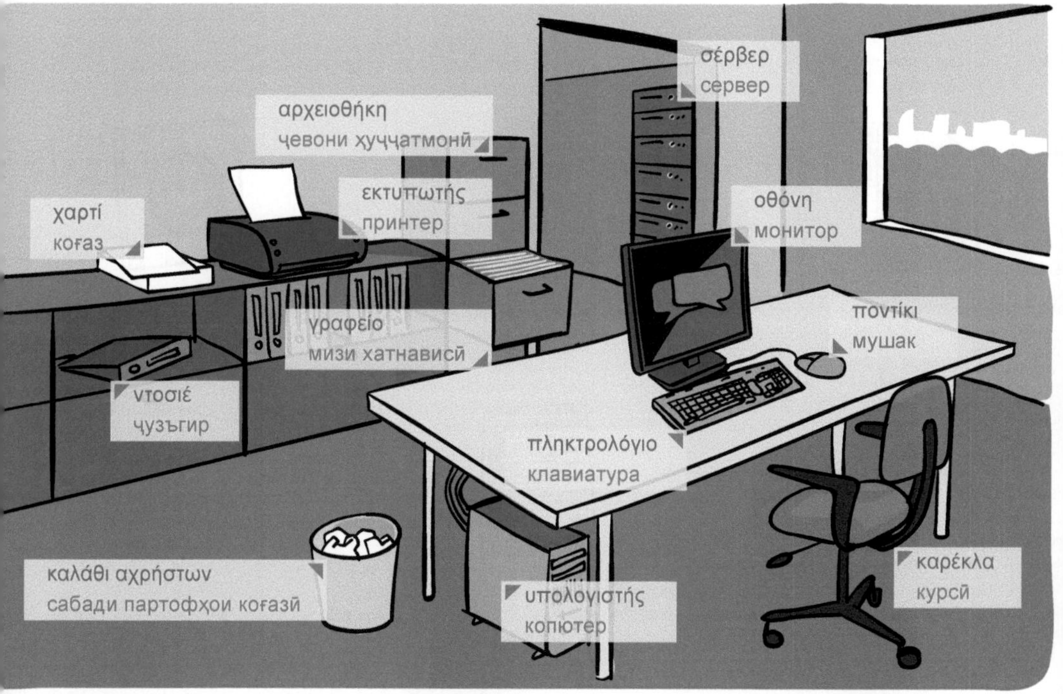

κούπα του καφέ

кружкаи қаҳванӯшӣ

κομπιουτεράκι

калкулятор

ίντερνετ

интернет

λάπτοπ

ноутбук

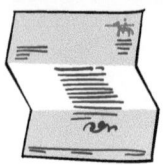

γράμμα

мактуб

μήνυμα

хабар

κινητό

телефони мобилӣ

δίκτυο

шабака

φωτοτυπικό μηχάνημα

нусхабардор

λογισμικό

нармафзор

τηλέφωνο

телефон

πρίζα

розетка

συσκευή φαξ

факс

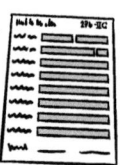

έντυπο

шакл

έγγραφο

ҳуҷҷат

αγοράζω

харидан

πληρώνω

пардохт

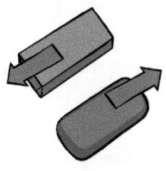

συναλλάσσομαι

савдо

χρήματα

пул

δολάριο

доллар

ευρώ

евро

γιεν

йен

ρούβλι

рубл

ελβετικό φράγκο

франки швейцариягӣ

ρενμίνμπι γιουάν

юан

ρουπία

рупӣ

ATM (αυτόματη ταμειακή μηχανή)

нуқтаи нақд

ανταλλακτήρια συναλλάγματος

нуқтаи мубодилаи асъор

χρυσός

тилло

ασήμι

нуқра

πετρέλαιο

равғани растанӣ

ενέργεια

энерги

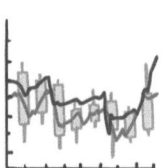

τιμή

нарх

συμβόλαιο

шартнома

φόρος

андоз

μετοχή

саҳмия

δουλεύω

кор

υπάλληλος

хизматчӣ

εργοδότης

соҳибкор

εργοστάσιο

завод

κατάστημα

сехи

επαγγέλματα
касбҳо

πυροσβέστης
сӯхторхомушкун
αστυνόμος
корманди полис
μάγειρας
ошпаз
γιατρός
духтур
πιλότος
халабон

κηπουρός

боғбон

ξυλουργός

чӯбтарош

μοδίστρα

дӯзанда

δικαστής

судя

χημικός

кимиёшинос

ηθοποιός

актер

οδηγός λεωφορείου

ронандаи автобус

ταξιτζής

таксист

ψαράς

моҳигир

καθαρίστρια

фаррошзан

τεχνίτης στεγών

устои бомпӯш

σερβιτόρος

пешхизмат

κυνηγός

шикорчӣ

ζωγράφος

расом

αρτοποιός

нонвой

ηλεκτρολόγος

барқ

οικοδόμος

сохтмончӣ

μηχανολόγος

инженер

κρεοπώλης

қассоб

υδραυλικός

устои шабакаи об

ταχυδρόμος

хаткашон

στρατιώτης

сарбоз

αρχιτέκτονας

меъмор

ταμίας

кассир

ανθοπώλης

гулфурӯш

κομμωτής

сартарош

ελεγκτής εισιτηρίων

кондуктор

μηχανικός

механик

καπετάνιος

капатан

οδοντίατρος

духтури дандон

επιστήμονας

олим

ραβίνος

хохом

ιμάμης

имом

μοναχός

шайх

ιερέας

саркоҳин

εργαλεία
асбобҳо

πένσα
анбӯри паҳннӯл
σφυρί
болғача
κατσαβίδι
мурваттобак
φακός
фонуси дастӣ
Γαλλικό κλειδί
калиди гайкатобӣ

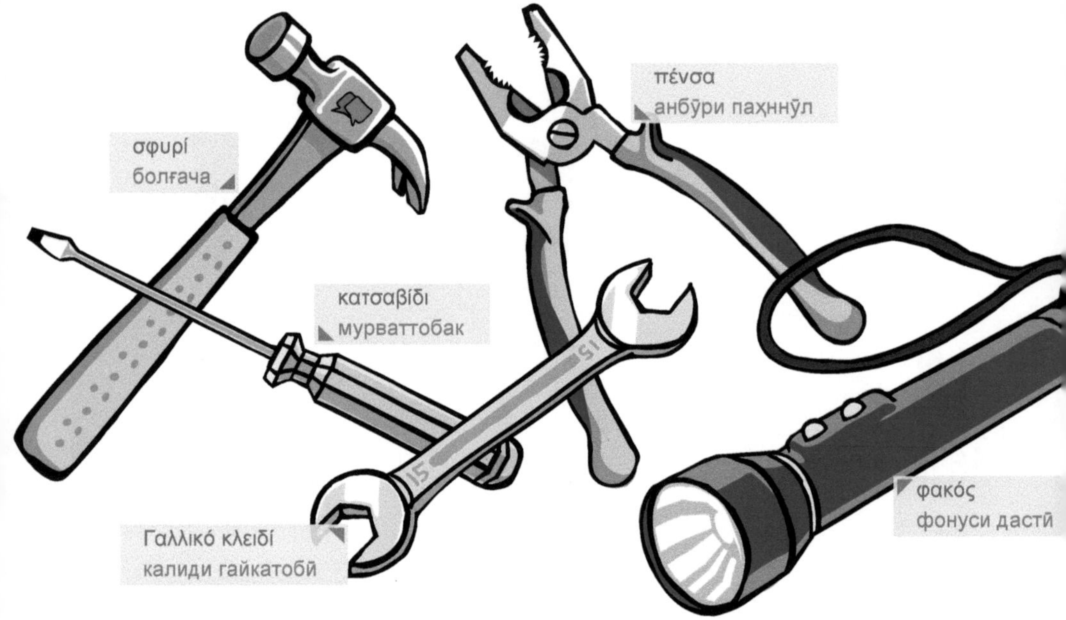

εκσκαφέας

экскаватор

εργαλειοθήκη

қутии асбобҳо

σκάλα

зинапоя

πριόνι

арра

καρφιά

мехҳо

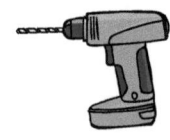

τρυπάνι

пармаи электрикӣ

επισκευάζω

таъмир

φτυάρι

бел

Να πάρει!

Сабил монад!

φαράσι

белчаи хокрӯбагирӣ

δοχείο χρωμάτων

сатили ранг

βίδες

мехи печдор

μουσικά όργανα
асбобҳои мусиқӣ

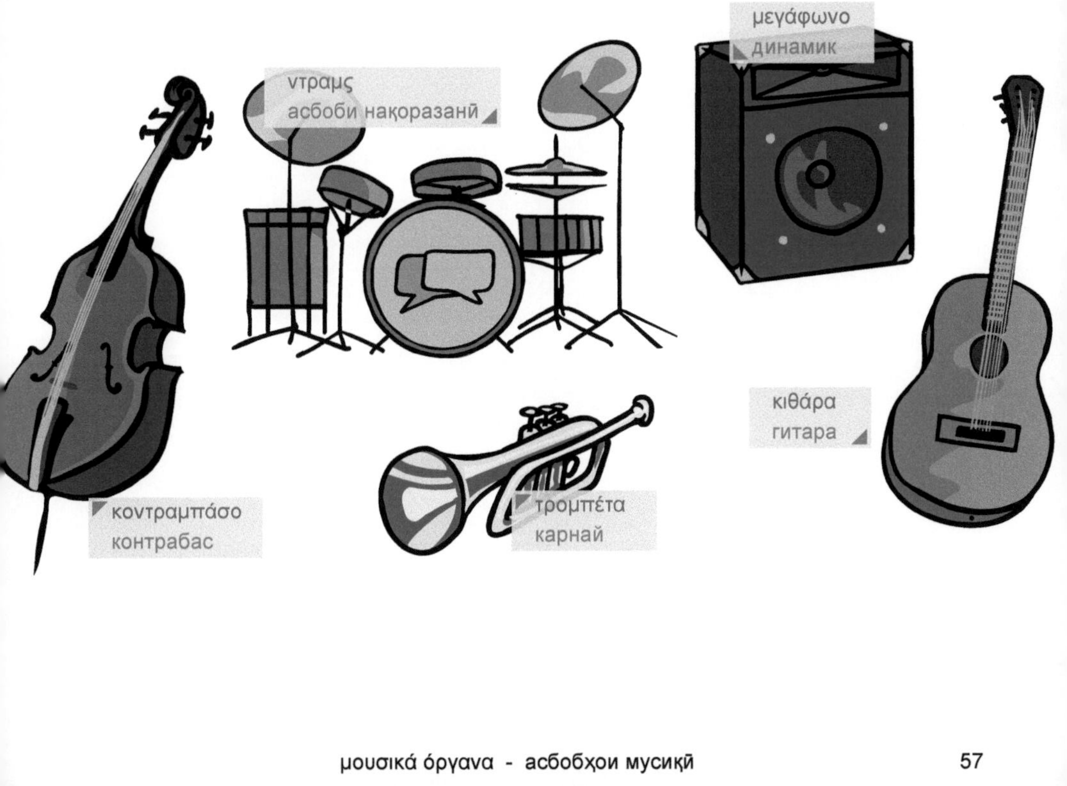

ντραμς
асбоби нақоразанӣ

μεγάφωνο
динамик

κιθάρα
гитара

κοντραμπάσο
контрабас

τρομπέτα
карнай

πιάνο

пианино

βιολί

ғиҷҷак

μπάσο

бас-гитара

τύμπανα

нақораи поядор

τύμπανο

нақора

πλήκτρα

клавиатура

σαξόφωνο

саксофон

φλάουτο

най

μικρόφωνο

баландгӯяд

ζωολογικός κήπος

боғи ҳайвонот

είσοδος
даромад
τίγρης
паланг
κλουβί
қафас
ζέβρα
гӯрхар
ζωοτροφή
хӯроки чорво
πάντα
панда

ζώα
ҳайвонот

ελέφαντας
фил

καγκουρό
кенгуру

ρινόκερος
каркадан

γορίλας
горилла

αρκούδα
хирси бӯр

καμήλα

шутур

στρουθοκάμηλος

шутурмурғ

λιοντάρι

шер

πίθηκος

маймун

φλαμίνγκο

бутимор

παπαγάλος

тӯти

πολική αρκούδα

хирси сафед

πιγκουίνος

пингвин

καρχαρίας

наҳанг

παγώνι

товус

φίδι

мор

κροκόδειλος

тимсоҳ

φύλακας ζωολογικού κήπου

посбон

φώκια

сил

τζάγκουαρ

ягуар

πόνυ

аспи кӯтоҳқад

λεοπάρδαλη

леопард

ιπποπόταμος

баҳмут

καμηλοπάρδαλη

заррофа

αετός

уқоб

αγριογούρουνο

хуки ваҳшӣ

ψάρι

моҳӣ

χελώνα

сангпушт

θαλάσσιος ίππος

морж

αλεπού

рӯбоҳ

γαζέλα

ғизол/оҳу

αθλήματα

варзиш

футболи амрикои
ποδηλασία
велосипедронӣ
αντισφαίριση
теннис
μπάσκετ
баскетбол
κολύμβηση
шиноварӣ
χόκεϋ επί πάγου
хоккей
πυγχαμία
бокс

ποδόσφαιρο

футбол

μπάντμιντον

бадмингтон

στίβος

атлетика

χάντμπολ

гандбол

σκι

лижаронӣ

πόλο

тӯббозӣ бо асп

πηδάω
паридан
αγκαλιάζω
оғӯш гирифтан
γελάω
ханда
περπατάω
пиёда рафтан
τραγουδάω
шеър хондан
ονειρεύομαι
орзӯ кардан
προσεύχομαι
ибодат кардан
φιλάω
бӯса кардан

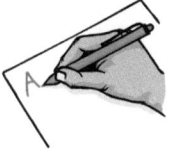

γράφω

навиштан

σχεδιάζω

кашидан

δείχνω

нишон додан

πιέζω

тела додан

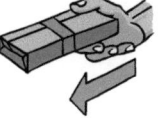

δίνω

додан

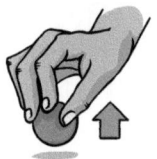

παίρνω

гирифтан

έχω

доранд

κάνω

кор

είμαι

бошад

στέκομαι

истодан

τρέχω

давидан

τραβάω

кашидан

ρίχνω

партофтан

πέφτω

афтидан

ξαπλώνω

дароз кашидан

περιμένω

интизор шудан

κουβαλώ

бардошта бурдан

κάθομαι

нишастан

φοράω

либос пӯшидан

κοιμάμαι

хобин

ξυπνάω

бедор шудан

κοιτάω

нигоҳ кардан

κλαίω

гиря кардан

χαϊδεύω

сила кардан

χτενίζω

шона

μιλάω

гап задан

καταλαβαίνω

фаҳмидан

ρωτάω

пурсидан

ακούω

гӯш кардан

πίνω

нӯштдан

τρώω

хӯрдан

συγυρίζω

ғундоштан

αγαπάω

ишқ

μαγειρεύω

ошпаз

οδηγώ

рондан

πετάω

парвоз кардан

κάνω ιστιοπλοΐα

бо бодбон ҳаракат кардан

υπολογίζω

ҳисоб кардан

διαβάζω

хондан

μαθαίνω

омӯхтан

δουλεύω

кор

παντρεύομαι

оиладор шудан

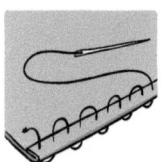

ράβω

дӯхтан

βουρτσίζω τα δόντια

дадон шӯстан

σκοτώνω

куштан

καπνίζω

дуд

στέλνω

фиристодан

οικογένεια
оила

γιαγιά
биби
παππούς
бобо
πατέρας
падар
μητέρα
модар
μωρό
кӯдак
κόρη
γιος
писар

καλεσμένος

мехмон

θεία

хола

θείος

амак

αδελφός

бародар

αδελφή

хохар

σώμα

бадан

μέτωπο
пешонӣ
μάτι
чашм
πρόσωπο
рӯй
πιγούνι
στήθος
қафаси сина
δάχτυλο
ангушт
χέρι
панҷаи даст
βραχίονας
даст
ώμος
китф
πόδι
пой

μωρό

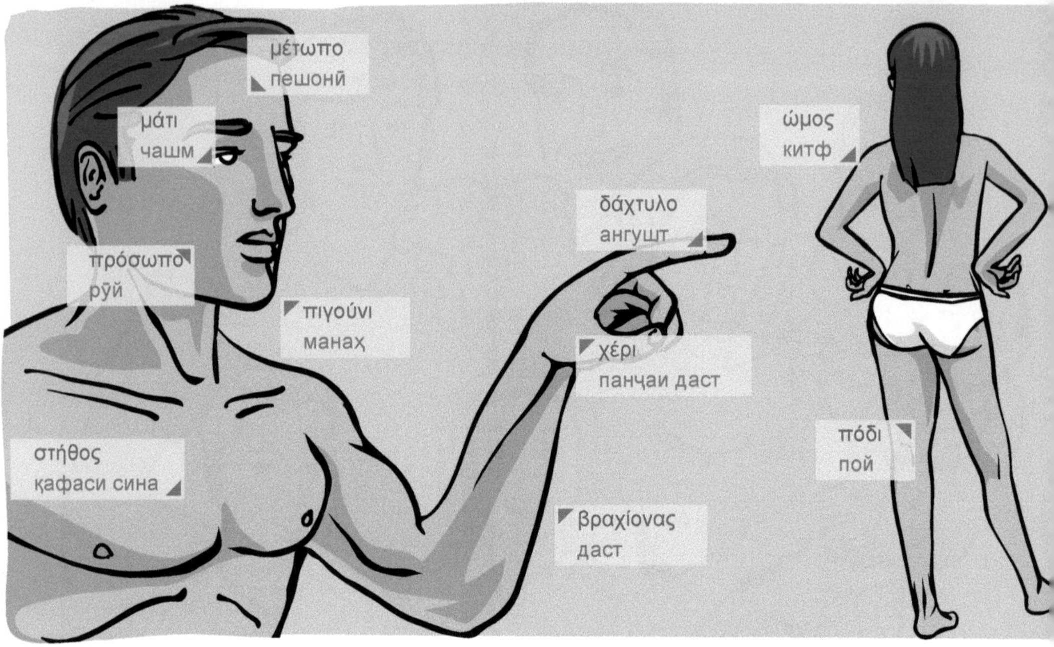

кӯдак

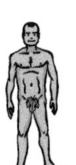

άνδρας

мард

γυναίκα

зан

κορίτσι

духтар

αγόρι

писар

κεφάλι

сар

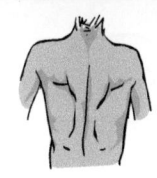

πλάτη

пушт

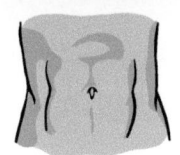

κοιλιά

шикам

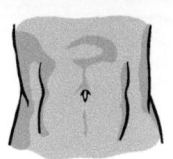

αφαλός

ноф

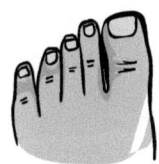

δάχτυλο ποδιού

ангушти пой

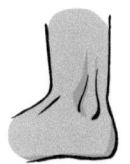

φτέρνα

пошнаи пой

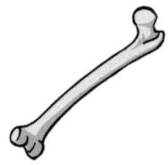

κόκκαλο

устухон

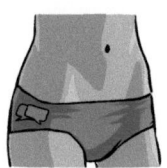

γοφός

рон

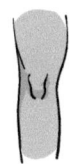

γόνατο

зону

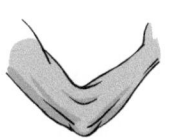

αγκώνας

оринҷ

μύτη

бинӣ

γλουτός

таг

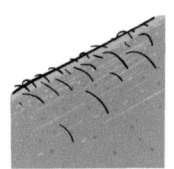

δέρμα

пӯст

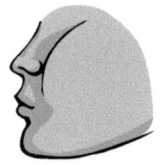

μάγουλο

рухсора

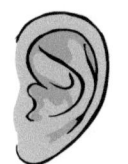

αυτί

гӯш

χείλος

лаб

στόμα

дахон

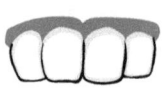

δόντι

дадон

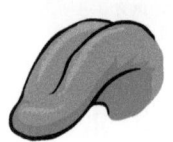

γλώσσα

забон

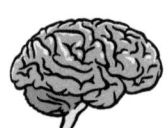

εγκέφαλος

майнаи сар

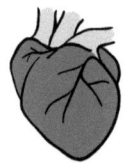

καρδιά

дил

μυς

мушак

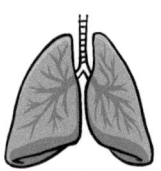

πνεύμονας

шуш

συκώτι

ҷигар

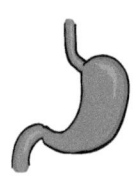

στομάχι

меъда

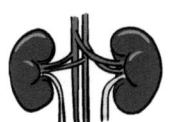

νεφρά

гурдаҳо

σεξουαλική επαφή

алоқаи ҷинсӣ

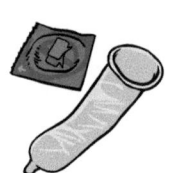

προφυλακτικό

рифола

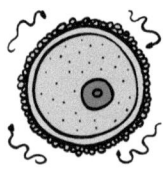

ωάριο

тухмҳуҷайра

σπέρμα

нутфа

εγκυμοσύνη

ҳомиладорӣ

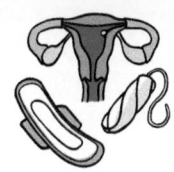

περίοδος

χαйз

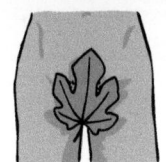

γυναικείος κόλπος

маҳбал

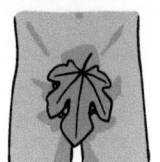

πέος

кер

φρύδι

абрӯ

μαλλιά

мӯй

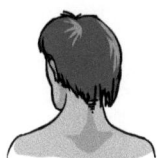

λαιμός

гардан

νοσοκομείο
бемористон

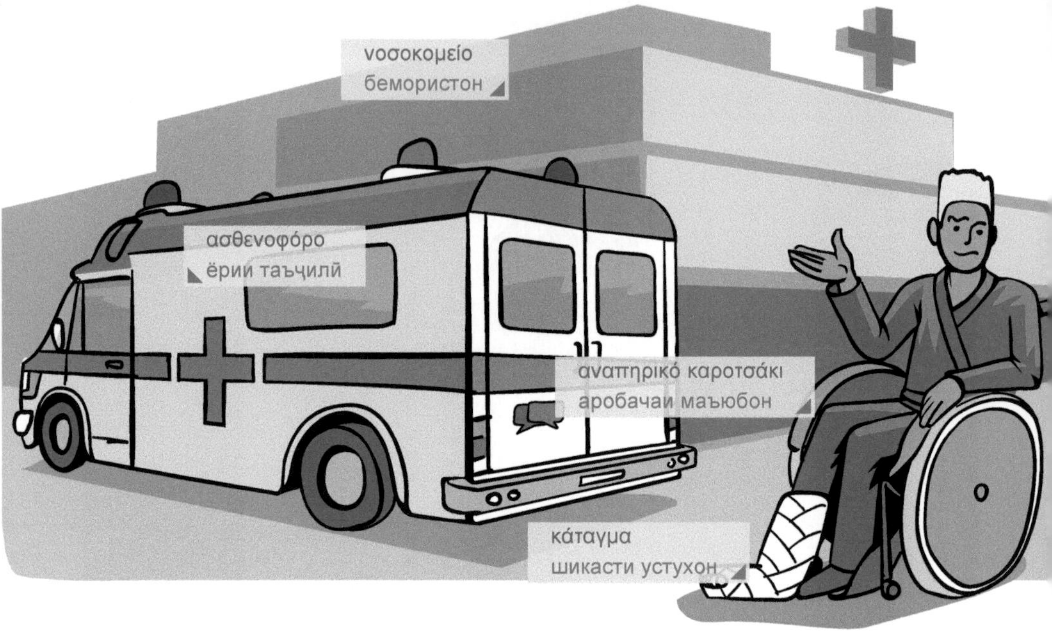

ασθενοφόρο
ёрии таъчилӣ
αναπηρικό καροτσάκι
аробачаи маъюбон
κάταγμα
шикасти устухон

γιατρός

духтур

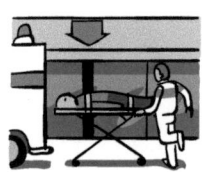

μονάδα εντατικής θεραπείας

ҳуҷраи ёрии фаврӣ

νοσοκόμα

ҳамшираи тиббӣ

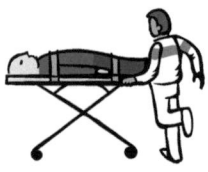

έκτακτη ανάγκη

ҳолати фавқулодда

λιπόθυμος

беҳуш

πόνος

дард

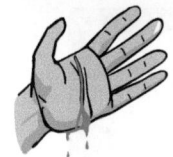

τραύμα

чароҳат

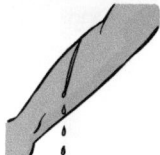

αιμορραγία

хунравӣ

έμφραγμα

дилзанак

εγκεφαλικό

сактаи майна

αλλεργία

аллергия

βήχας

сулфа

πυρετός

табларза

γρίπη

грипп

διάρροια

шикамравӣ

πονοκέφαλος

сардард

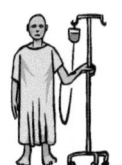

καρκίνος

саратон

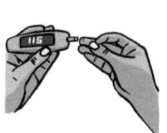

διαβήτης

диабет

χειρουργός

ҷарроҳ

νυστέρι

скалпел

εγχείρηση

ҷарроҳӣ

αξονική τομογραφία

Томографияи компютерӣ

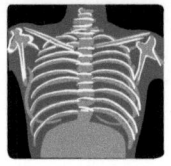

ακτινογραφία

шӯъои ренгенӣ

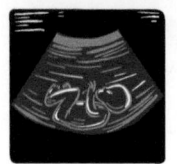

υπέρηχος

ултрасадо

μάσκα

ниқоби рӯй

ασθένεια

беморӣ

αίθουσα αναμονής

ҳуҷраи интизорӣ

πατερίτσα

асобағал

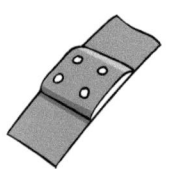

χάνσαπλαστ

марҳам

επίδεσμος

дока

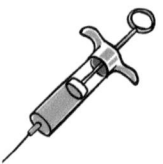

ένεση

сӯзандору

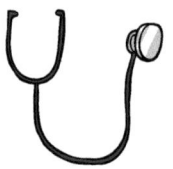

στηθοσκόπιο

стетоскоп

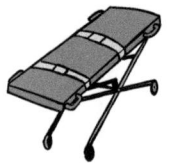

φορείο

занбар

θερμόμετρο

ҳароратсанҷ

γέννηση

таваллуд

υπέρβαρο

вазни зиёдатӣ

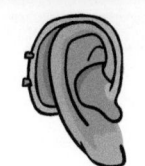

ακουστικό βαρηκοΐας

таҷҳизоти шунавой

αντισηπτικό

моддаи безараргардонӣ

λοίμωξη

инфексия

ιός

вирус

HIV/AIDS

ВИЧ / СПИД

φάρμακο

дору

εμβολιασμός

ваксинатсия

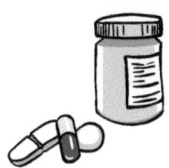

δισκία

ҳабҳо

χάπι

ҳаб

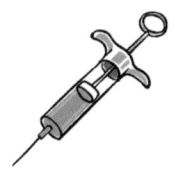

κλήση έκτακτης ανάγκης

занги изтирорӣ

πιεσόμετρο αίματος

монитори фишори хун

άρρωστος / υγιής

бемор/солим

Βοήθεια!

Кумак!

συναγερμός

ҳушдор

βιαιοπραγία

ҳуҷум

επίθεση

ҳамла

κίνδυνος

хатар

έξοδος κινδύνου

баромадгоҳи таҳлиявӣ

Φωτιά!

Сӯхтор!

πυροσβεστήρας

оташнишон

ατύχημα

садама

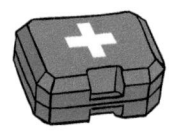

κουτί πρώτων βοηθειών

доруқуттӣ

SOS

бонги хатар

αστυνομία

полис

Ευρώπη

Аврупо

Βόρεια Αμερική

Америкаи Шимолӣ

Νότια Αμερική

Америкаи Ҷанубӣ

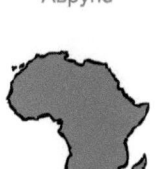

Αφρική

Африка

Ασία

Осиё

Αυστραλία

Австралия

Ατλαντικός Ωκεανός

Уқёнуси Атлантик

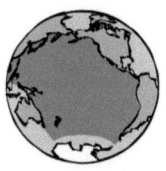

Ειρηνικός Ωκεανός

Уқёнуси Ором

Ινδικός Ωκεανός

Уқёнуси Ҳинд

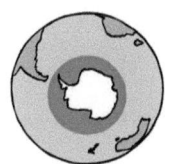

Ανταρκτικός Ωκεανός

Уқёнуси Антарктика

Αρκτικός Ωκεανός

Уқёнуси Арктика

Βόρειος Πόλος

Қутби шимол

Νότιος Πόλος

Қутби ҷануб

Ανταρκτική

Антарктика

Γη

замин

γη

замин

θάλασσα

баҳр

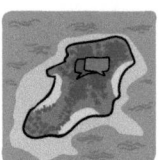

νησί

ҷазира

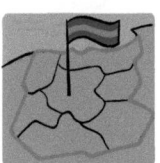

έθνος

миллат

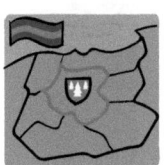

πολιτεία

давлат

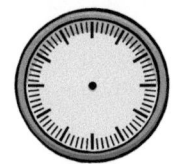

ρολόι
вақт

καντράν ρολογιού

сиферблат

ωροδείκτης

ақрабаки соат

λεπτοδείκτης

ақрабаки дақиқашумор

δείκτης δευτερολέπτων

ақрабаки сонияшумор

Τι ώρα είναι;

Соат чанд?

ημέρα

рӯз

χρόνος

замон

τώρα

ҳозир

ψηφιακό ρολόι

соати электронӣ

λεπτό

лаҳза

ώρα

соат

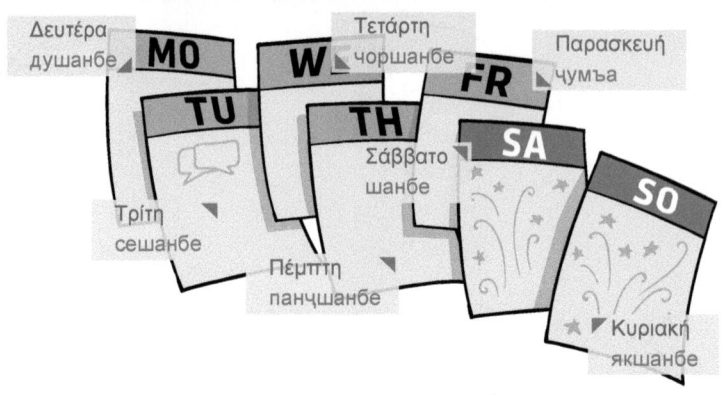

εβδομάδα

ҳафта

Δευτέρα
душанбе
MO
Τρίτη
сешанбе
TU
Τετάρτη
чоршанбе
W
Πέμπτη
панҷшанбе
TH
Παρασκευή
FR
Σάββατο
шанбе
SA
Κυριακή
якшанбе

21

χθες

дирӯз

2

σήμερα

имрӯз

3

αύριο

фардо

πρωί

пагоҳирӯзӣ

μεσημέρι

нимрӯз

βράδυ

шом

MO TU WE TH FR SA SU
1 2 3 4 5 6 7
8 9 10 11 12 13 14
15 16 17 18 19 20 21
22 23 24 25 26 27 28
29 30 31 1 2 3 4

εργάσιμες ημέρες

рӯзҳои корӣ

MO TU WE TH FR SA SU
1 2 3 4 5 6 7
8 9 10 11 12 13 14
15 16 17 18 19 20 21
22 23 24 25 26 27 28
29 30 31 1 2 3 4

Σαββατοκύριακο

истироҳат

βροχή
борон

ουράνιο τόξο
рангинкамон

άνεμος
шамол

χιόνι
барф

άνοιξη
баҳор

φθινόπωρο
тирамоҳ

καλοκαίρι
тобистон

χειμώνας
зимистон

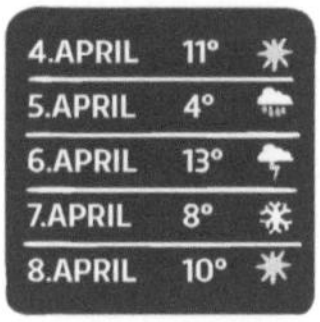

4.APRIL	11°	☀
5.APRIL	4°	🌧
6.APRIL	13°	🌧
7.APRIL	8°	❄
8.APRIL	10°	☀

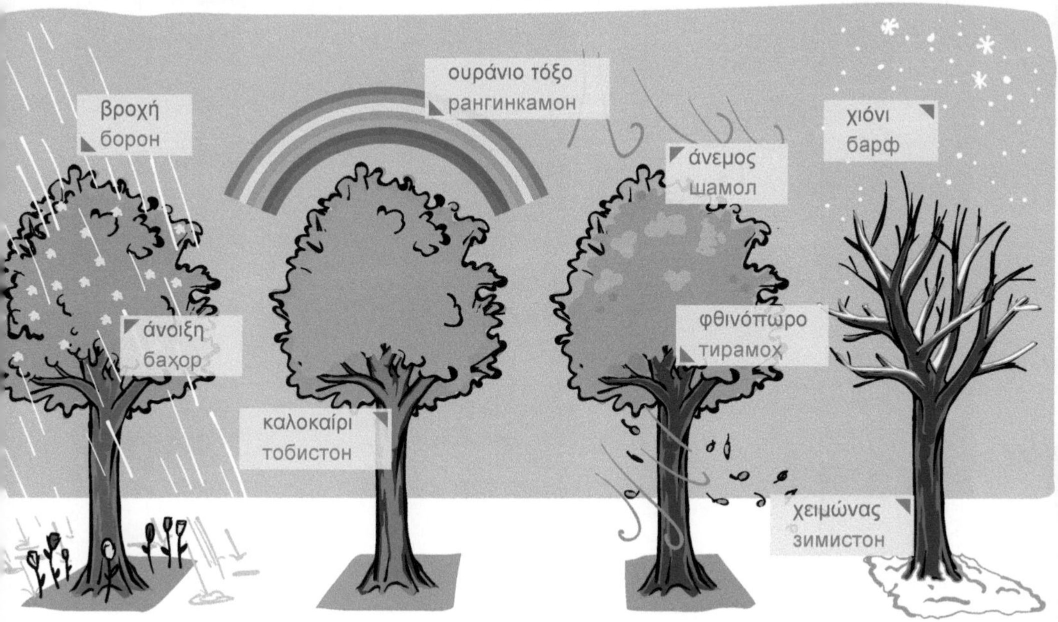

πρόγνωση καιρού

Обу ҳаво

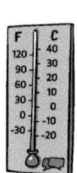

θερμόμετρο

ҳароратсанҷ

λιακάδα

равшании офтоб

σύννεφο

абр

ομίχλη

туман

υγρασία

намнок

αστραπή

барқ

κεραυνός

тундар

καταιγίδα

тӯфон

χαλάζι

жола

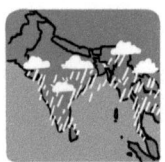

μουσώνας

муссон

πλημμύρα

обхезӣ

πάγος

ях

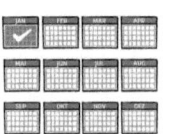

Ιανουάριος

январ

Φεβρουάριος

феврал

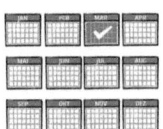

Μάρτιος

март

Απρίλιος

апрел

Μάιος

май

Ιούνιος

июн

Ιούλιος

июл

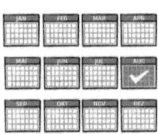

Αύγουστος

август

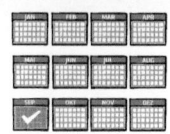

Σεπτέμβριος

сентябр

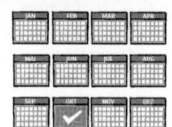

Οκτώβριος

октябр

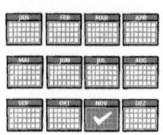

Νοέμβριος

ноябр

Δεκέμβριος

декабр

σχήματα
баст

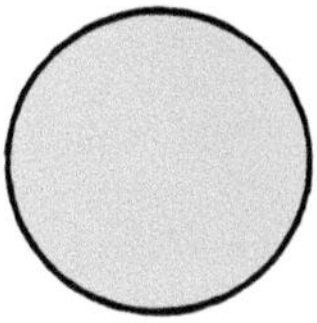

κύκλος

давра

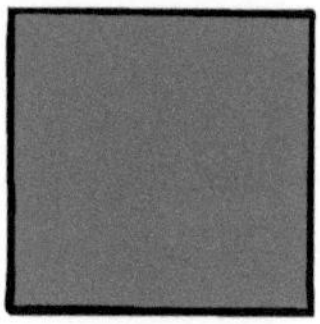

τετράγωνο

мураббаъ

ορθογώνιο
παραλληλόγραμμο
росткуньа

τρίγωνο

секуньа

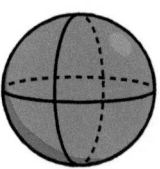

σφαίρα

соњаи

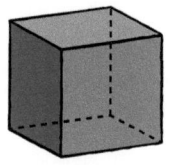

κύβος

мукааб

χρώματα

рангҳо

άσπρο

гулобӣ

κίτρινο

хокистаранг

πορτοκαλί

зард

ροζ

бунафшранг

κόκκινο

сурх

μωβ

қаҳваранг

μπλε

кабуд

πράσινο

сиёҳ

καφέ

кабуд

γκρι

сафед

μαύρο

сабз

πολύ / λίγο

бисёр/кам

θυμωμένος / ήρεμος

хашмгин / ором

όμορφος / άσχημος

зебо/безеб

αρχή / τέλος

оғози / охири

μεγάλος / μικρός

калон/хурд

φωτεινός / σκοτεινός

дурахшон / торик

αδελφός / αδελφή

бародари / хоҳар

καθαρός / λερωμένος

тоза/чиркин

πλήρης / ατελής

пурра / нопурра

ημέρα / νύχτα

рӯзи / шаб

νεκρός / ζωντανός

мурдагон / зинда

φαρδύς / στενός

кушод/танг

βρώσιμος / μη βρώσιμος

хӯрданӣ / хӯрданашаванда

κακός / ευγενικός

бад/нек

ενθουσιασμένος / βαριεστημένος

ба ҳаяҷон / дилгир

παχύς / λεπτός

ғавс/борик

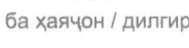

πρώτος / τελευταίος

якум/охирин

φίλος / εχθρός

Дӯсти / душмани

γεμάτος / άδειος

пур/холӣ

σκληρός / μαλακός

сахт/мулоим

βαρύς / ελαφρύς

вазнин/сабук

πείνα / δίψα

гуруснагӣ / ташнагӣ

άρρωστος / υγιής

бемор/солим

παράνομος / νόμιμος

ғайриқонунӣ / ҳуқуқӣ

έξυπνος / χαζός

соҳибақл / беақл

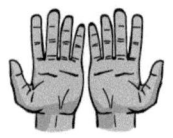

αριστερός / δεξιός

рост/чап

κοντινός / μακρινός

наздик/дур

καινούριος / μεταχειρισμένος

нави / истифода бурда мешавад

τίποτα / κάτι

ҳеҷ / чизе

γέρος | νέος

пир/ҷавон

αναμμένος / σβηστός

оид / хомӯш

ανοιχτός / κλειστός

кушода/пӯшида

χαμηλόφωνος / μεγαλόφωνος

паст/баланд

πλούσιος / φτωχός

бой/камбағал

σωστός / λανθασμένος

дуруст/нодуруст

τραχύς / λείος

дурушт/ҳамвор

λυπημένος / χαρούμενος

ғамгин/хушбахт

κοντός / μακρύς

кӯтоҳ/дароз

αργός / γρήγορος

оҳиста/тез

υγρός / στεγνός

тар/хушк

ζεστός / δροσερός

гарм / сард

πόλεμος / ειρήνη

ҷанг / сулҳ

αριθμοί
ададҳо

0	1	2
μηδέν	ένα	δύο
нол	як	ду
3	4	5
τρία	τέσσερα	πέντε
се	чор	панҷ
6	7	8
έξι	εφτά	οκτώ
шаш	ҳафт	ҳашт
9	10	11
εννιά	δέκα	έντεκα
нӯҳ	даҳ	ёздаҳ

12

δώδεκα

дувоздаҳ

13

δεκατρία

сенздаҳ

14

δεκατέσσερα

чордаҳ

15

δεκαπέντε

понздаҳ

16

δεκαέξι

шонздаҳ

17

δεκαεφτά

ҳабдаҳ

18

δεκαοκτώ

ҳаждаҳ

19

δεκαεννέα

нуздаҳ

20

είκοσι

бист

100

εκατό

сад

1.000

χίλια

ҳазор

1.000.000

εκατομμύριο

миллион

γλώσσες

забонҳо

Αγγλικά

англисӣ

Αμερικάνικα Αγγλικά

англисии амрикоӣ

Μανδαρίνικα Κινέζικα

мандарини хитоӣ

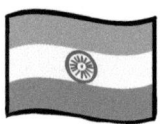

Χίντι

ҳиндӣ

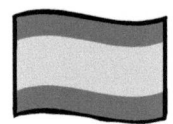

Ισπανικά

испанӣ

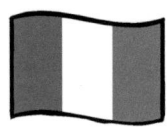

Γαλλικά

фаронсавӣ

Αραβικά

арабӣ

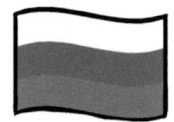

Ρώσικα

русӣ

Πορτογαλικά

португалӣ

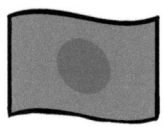

Μπενγκάλι

бенгалӣ

Γερμανικά

олмонӣ

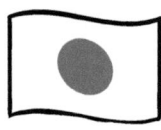

Ιαπωνικά

ҷопонӣ

ποιος / τι / πως
ки / чиро / тавр

εγώ

ман

εσύ

шумо

αυτός / αυτή / αυτό

Ӯ / вай / он

εμείς

мо

εσείς

шумо

αυτοί / αυτές / αυτά

онҳо

ποιος / ποια / ποιο;

ки?

τι;

чӣ?

πώς;

Чӣ хел?

πού;

дар куҷо?

πότε;

кай?

όνομα

ном

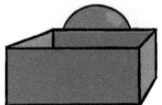

που

дар кучо

πίσω

аз паси

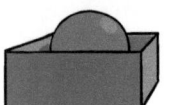

μέσα

дар

μπροστά

дар пеши

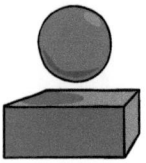

πάνω από

дар болои

πάνω

дар рӯи

κάτω

дар зери

δίπλα

дар назди

ανάμεσα

миёни

μέρος

чой